Tanya Harding

Brot-Aufstriche

RHINOVERLAG

Trotz gewissenhafter Bearbeitung kann eine Haftung für den Inhalt nicht übernommen werden. Für aktuelle Ergänzungen und Anregungen ist der Verlag jederzeit dankbar.
Wir bedanken uns bei allen, die uns unterstützt haben.

Fotos: Tanya Harding, außer Seite 6: Stefan Scholz (redsundesign); Seite 13: Elena Timtschenko; Seite 15: Carlo Bansini für Thüringer Tourismus GmbH; Seite 22, 89: Matthias Braun

Impressum

© 2021 RHINOVERLAG Dr. Lutz Gebhardt & Söhne GmbH & Co. KG
Am Hang 27, 98693 Ilmenau
Tel.: 03677 / 46628-0, Fax: 03677 / 46628-80
www.RhinoVerlag.de

Titelbild: Tanya Harding
Layout, Satz: Verlag ***grünes herz***®
Schrift: Garamond
Titelgestaltung: Jana Rogge, Weimar

1. Auflage 2021

ISBN: 978-3-95560-086-0

Inhaltsverzeichnis

Seite

Dic Brotkultur des deutschsprachigen Raumes kannte ich als Kanadierin nicht. Brot ist ein ernsthaftes Thema für Deutsche. Wenn sie reisen oder auswandern, berichten sie am meisten darüber, dass ihnen das Brot fehlt, was ich jetzt, nach fast zwei Jahrzehnten in Deutschland, absolut verstehe. Obwohl ich mit einer warmen Mahlzeit abends aufgewachsen bin, kann ich mir jetzt ein Leben ohne die wunderbare Brotvielfalt nicht mehr vorstellen.

In vielen Ländern wird Brot nur als eine Sättigungsbeilage betrachtet, die Deutschen aber schätzen ihre Backwaren als Kulturgut, sogar als eine Art Heiligtum. Mit der deutschen Brotkultur sind verschiedene, gesellschaftliche Bräuche und Traditionen verbunden, sie hat einen sehr bedeutenden christlichen symbolischen Wert. Man kennt das Brot vom letzten Abendmahl und es wird vom „täglichen Brot" gebetet. Brot teilen ist ein zentraler Bestandteil geselliger Runden. All diese Komponenten machen Brot zu mehr als einer Sättigungsbeilage in Deutschland. Deutsche Brotkultur gehört sogar zum **Immateriellen Kulturerbe**!

Deutsches Brot ist nicht nur beliebt, sondern auch in seiner (regionalen) Vielfalt einzigartig. Der Kreativität der deutschen Bäcker, die das Handwerk beherrschen, kennt keine Grenzen. Laut dem Deutschen Brotregis-

ter des Deutschen Brotinstituts werden täglich über 3.000 unterschiedliche Brotspezialitäten in Deutschland gebacken und verkauft!
Egal ob Graubrot oder Mischbrot, Körnerbrot, Kästchenbrot, Kartoffelbrot, Brot aus Urgetreiden wie Dinkel, Emmer und Einkorn, Krustenbrot, Pumpernickel, ob es lang, rund, groß, klein, fett oder flach ist, das Brot darf auf dem deutschen Tisch (oder in der Pausenbüchse) einfach nicht fehlen.

Schon seit vielen Jahrtausenden werden im deutschsprachigen Raum kleine, auf Brot basierende Zwischen- oder Hauptmahlzeiten nicht nur serviert, sondern nahezu zelebriert. Überall heißen diese Mahlzeiten anders, zum Beispiel Jause, Imbs, Marende, oder Fofftein, aber egal wie diese „Brotzeit" genannt wird, sie besteht meist aus einigen Scheiben Sauerteigbrot (in manchen Bundesländern Brezeln), dazu verschiedene Käse, Wurstsorten, kaltes Fleisch, Aufstriche und manchmal rohes Gemüse und Eingelegtes. Diese kleinen Mahlzeiten gehören zum Alltag vieler deutscher Haushalte – aber mit dem Alltag kommt der Trott. Auch mit einer großartigen Vielfalt an Brotangeboten braucht die Brotzeit manchmal ein paar neue frische Impulse.

Dieses kleine Buch nimmt Sie mit auf eine kulinarische Reise durch die Welt, ohne dass Sie Ihren Reisepass mitnehmen oder Ihren Koffer packen oder auf ihr gutes deutsches Brot verzichten müssen! Die Rezepte verbinden deutsche Brotkultur mit internationalen Aufstrichen, Dips und Eingelegtem. Entdecken Sie in diesen Buch neue frische Ideen für ihre Brotzeit – und erweitern Sie Ihren kulinarischen Horizont. Mahlzeit und viel Spaß auf Ihrer kulinarischen Reise!

Über die Autorin

Tanya Hardings Leidenschaft fürs Kochen hat eine lange Tradition. Bereits in Ottawa war die kanadische Staatsbürgerin mit deutsch-irischen und schwedisch-englischen Wurzeln Inhaberin von „Blackbird Catering“, einem Gourmet-Catering-Service und Feinkost-Laden. Sie gab dort Kochkurse, auch im Fernsehen und Radio. Ein Höhepunkt war das Food Styling für die Great Canadian Food-Show.

Im Jahr 2015 gründete Tanya Harding dann ihr Restaurant im thüringischen Arnstadt. Hier zelebrierte sie mit dem nach ihr benannten Unternehmen Service à la carte, thematische Abende und Kultur-Events und bot dabei kulinarische Geschmacksreisen von Asiatisch bis zu Wildkräutern an. Besonders stolz war das

„Restaurant Tanya Harding“ auf seine Aufzeichnung als „Mutmacher für Jungunternehmer“ und „Top-Gastgeber“ in Thüringen bei der Thüringer Tourismus GmbH. Slowfood International empfahl das Restaurant wärmstens, aufgrund der frischen, internationalen Küche mit regionalen Wurzeln.
In 2020 zog Tanya Harding mit ihren Unternehmen nach Weimar um und eröffnete „Tanyas Maple Bistro“. Das Bistro bietet eine leichte, frische, kanadische Küche, kanadisches Eis, typisch Süßes, frisch Gebackenes nach kanadischer Rezeptur, tollen Kaffee und eine kleine Weinkarte an; weiterhin mit bio-, saisonal- und regionalen Zutaten und einem Hauch Internationalität. Tanya Harding kann bereits auf zahlreiche Kochkurse bei der „Tegut Lernstatt“ in Fulda zurückblicken und bietet in ganz Thüringen ihre Leckereien an, mit erfrischenden und lebendigen Kochkursen und Events in erlesenen Kochstudios und bei Veranstaltungen.
Sie war Botschafterin der Sarah-Wiener-Stiftung für gesunde Ernährung für Kinder, und ist Jenaplan- und Naturpädagogin.
Sie ist auch live als Show-Köchin und Profigrillerin auf Messen und Veranstaltungen wie der „Grünen Woche“, den „Grünen Tagen“, der „Genusspromenade“, der Messe „Besser Leben“, der „Rostkultur“ auf dem Erfurter Domplatz oder der Thüringer Landesgartenschau zu erleben. Im Jahr 2018 war sie in der

Fernsehsendung „Mein Lokal – Dein Lokal“ auf Kabel 1 zu sehen. Über ihre Aktivitäten wird regelmäßig regional und überregional berichtet.
Seit 2019 hat sie ihre eigene Eis-Linie, „Tanyas kanadisches Eis“, gemacht mit Liebe aus guten ehrlichen Zutaten von Thüringer Bauern, kombiniert mit feinem internationalen Geschmack.
Es bleibt spannend bei Tanya Harding, ständig werden neue Projekte entwickelt. Wer weiß, wohin die Geschmacksreise demnächst führt? „Brotaufstriche“ ist ihr zweites Kochbuch im RhinoVerlag.

Aufstriche – Selbermachen lohnt sich!

Pausenbrot, Schulbrot, unterwegs, im Büro, beim Wandern, zuhause mit der Familie, zwischendrin, als Hauptmahlzeit – Brot mit Aufstrichen gehört zum Alltag in Deutschland. Und wirklich, was gibt es Köstlicheres als frisch gebackenes und duftendes Brot und dazu selbstgemachte, statt gekaufte Brotaufstriche? Die Rezepte sind vorwiegend einfach, schnell zuzubereiten und in einen sauberen Behälter mit Verschluss halten sich die Aufstriche ungefähr 7 Tage im Kühlschrank. Manche lassen sich auch gut einfrieren. Die Rezepte kann man zu raffinierten *Canapés* für eine Cocktail-Party umwandeln oder im Alltag mit der Familie auf Brot, Toast oder Brötchen genießen. Viele Aufstriche eignen sich sogar gut als Dip für Rohkost. Dabei sind ein paar aufwändige *Pâtés,* die etwas mehr Zeit in Anspruch nehmen – aber sich gut im Voraus zubereiten lassen.
Diese Brotaufstriche bieten für jeden Geschmack vielfältige Rezeptideen, aber auch wenn die Zutaten vorgegeben sind, Sie können je nach Ihrem Geschmack die Rezepte noch verfeinern oder abwandeln. Ihrer Fantasie sind keine Grenzen gesetzt.
Es gibt mehrere Argumente dafür, Aufstriche selbst zuzubereiten. Sie stellen Lebensmittel selbst ohne Konservierungsstoffe, Zusatzstoffe sowie versteckte

Fette und Zucker her und können regionale, frische und saisonale Zutaten einbinden. Das bietet der Plastikbecher oder das Glas aus dem Supermarkt kaum! Sie reduzieren damit nicht nur ihren ökologischen Fußabdruck, sondern Sie tun auch etwas für Ihre einheimischen Landwirte, Ihre Gesundheit, Sie sparen Geld und schenken sich positive Lebenserfahrung. Kochen ist ein Fest für die Sinne: Sehen, Fühlen, Riechen und natürlich Schmecken. Diese Zeit zum Genießen sollte beim Vorbereiten der Speisen eingeplant werden – für die Aufstriche selbst ist nicht viel Zeit zum Zubereiten nötig. Es ist wie ein kleiner Mini-Urlaub aus dem Alltagsstress!

Sie benötigen für viele Rezepte Küchenmaschine oder Pürierstab, Schneidebrett, Messer, Schäler und Teigschaber.

Ob die Rezepte für 4, 1 oder 8 Personen sind, kommt darauf an, wie dick der Belag auf das Brot gestrichen wird oder wie hungrig Sie sind!

Türkische rote Linsen

Biber salçası (türkisch) ist ein Mark aus Paprika her gestellt, eine konzentrierte Würzpaste, die vor allem in der türkischen und der Balkanküche Verwendung findet. Bei der traditionellen Herstellungsweise werden reife Paprikaschoten zuerst in der Sonne vorgetrocknet, entkernt, püriert und in einem flachen Topf langsam eingekocht, bis eine Paste entsteht. Außer Salz enthält Paprikamark keine Gewürze. Biber salçası kann mild (tatlı) und scharf (acı) sein. Alternativ könnte man ein ungarisches Paprikamark benutzen. Wenn Sie dieses Mark erst einmal in ihrer Küche haben, können Sie es für Eintöpfe, Soßen, Suppen und Hackfleisch-Gerichte oder als Marinade für Hähnchen oder Grillfleisch verwenden. Dieser Aufstrich erinnert mich an meine gute kurdisch-türkische Freundin und ehemalige rechte Hand meines Restaurants, Gülten.

100 g gekochte rote Bio-Linsen
2 TL Zitronensaft
1 TL Kreuzkümmel, geröstet und gemahlen
4 EL kaltgepresstes Rapsöl
1 Prise gemahlener Chili
1 TL Tomatenmark
6 Walnusshälften oder 2 EL Sonnenblumenkerne
1 TL Biber Salçası
je ½ TL getrockneter Minze (Nanaminze), Thymian und Bohnenkraut
Salz und Pfeffer

Das Öl in einer Pfanne leicht erhitzen, Tomatenmark, Biber Salçası und Kräuter dazu geben und 2–3 Minuten alles köcheln lassen.
Gekochte Linsen, Gewürzöl, Walnüsse, Zitronensaft, Kreuzkümmel und Chili in einen hohen Rührbecher geben und mit dem Pürierstab oder einer Küchenmaschine fein pürieren Etwas Wasser oder Zitronensaft nach Bedarf dazu geben. Falls der Aufstrich zu wässrig wird, können Sie unter ständigem Rühren das Püree aufkochen, bis es die gewünschte Konsistenz hat. Linsenaufstrich mit Salz, Pfeffer und Zitronensaft abschmecken.

Topinambur Hummus

Hummus findet man in vielen orientalischen und nordafrikanischen Ländern. Der PERFEKTE Hummus ist cremig und seidig, aber gleichzeitig leicht und luftig. Ihn selbst herzustellen, ist gar nicht so schwer. Diese Version enthält Topinambur, ein Wurzelgemüse, das sehr unterschätzt wird. Nussig, leicht nach Artischocken schmeckend (es heißt sogar *Jerusalem Artischocke* auf Englisch), wächst Topinambur auch unter schwierigen Bedingungen. Vorsicht, wo man Topinambur einpflanzt – sie vermehrt sich durch die kleinsten Wurzelteile. Lösung für einen Topinambur-Terror im Garten? Erde komplett austauschen, oder … aufessen!

Die Qualität eines Hummus hängt vor allem von der Qualität (und Menge) des zugegebenen Tahini (Sesammus) ab. In vielen Rezepten landet nur ein Esslöffel Sesammus im Hummus und stattdessen verhältnismäßig viel natives Olivenöl. Viel Öl gehört aber nicht in einen guten Hummus, sondern sollte hauptsächlich kurz vorm Servieren oben drauf!

200 g getrocknete Kichererbsen, eingeweicht und gekocht oder 1 Dose Kichererbsen (Abtropfgewicht 265 g)
100 ml Wasser (eiskalt!)
Saft und Schalenabrieb von 1–2 Bio-Zitronen
1–2 TL Salz
1 TL Kreuzkümmel, gemahlen
120 g Tahini
2 EL Olivenöl

Zum Servieren: 2 EL Olivenöl

Optional: Glatte Petersilie, Prise Cayenne oder Paprika, Sesam, Kichererbsen, Zitronenscheiben, in Ecken geschnitten, Sumac

Die Kichererbsen abgießen. Dabei ca. 50–80 ml Kichererbsenwasser und ein paar Kichererbsen als Deko aufbewahren. Alles beiseitestellen.
Zitronensaft und -abrieb, Tahini, Kreuzkümmel, Pfeffer und Salz in eine Küchenmaschine geben und glatt pürieren. Langsam das kalte Wasser und das Kichererbsenwasser ins laufende Messer zugießen. Eine helle, luftige Masse soll entstehen.
Kichererbsen, Olivenöl zugeben und mixen bis eine cremige, zarte Masse entsteht. Das könnte 3–8 Minu-

ten dauern! Mit Salz und Zitronensaft abschmecken. Sollte der Hummus zu dick sein, noch etwas kaltes Wasser untermixen.

Zum Servieren: den Hummus mit Olivenöl beträufeln und mit Kichererbsen, Sesam und oder Petersilie dekorieren.

Passt gut zu: Baguette, getoastetem Weißbrot, Körnerbrot, Dinkelbrot

Tanyas Tipp:

Tahini übrig? Siehe Seite 34 für noch eine Aufstrichidee. Tahini verfeinert auch Kuchen, Kekse und Dressings – viel Spaß beim Experimentieren!

Weisse Bohnen, Mandel und Minze

Dieser Aufstrich wird am besten mit Pita Chips, Gemüse Stäbchen oder als Aufstrich auf getoasteten Baguettescheiben serviert. Er lässt sich sehr gut einfrieren und ist gut als „Gastgeber(in)“-Partyhilfe geeignet, da er ein paar Tage vor der Party gemacht werden kann, wenn er im Kühlschrank aufbewahrt wird.

Am besten werden Baby-Limabohnen verwendet, falls vorhanden – die kleinen nierenförmigen Bohnen sind schön hellgrün und schmecken zart im Vergleich zu vielen getrockneten Bohnenarten. Limabohnen sind ebenso vielseitig wie gesund. Sie sind reich an Mineral- und Ballaststoffen, haben einen hohen Eiweißanteil und enthalten viele Vitamine und Eisen. In den aztekischen Überlieferungen wurde die Limabohne sogar als Heilmittel erwähnt. Sie braucht ausreichend Wärme und kann daher in Mitteleuropa nur bedingt wirtschaftlich angebaut werden. Wenn Sie Limabohnen nicht finden können: Weiße Bohnen aller Art funktionieren auch super.

800 g gekochte weiße Bohnen oder Baby-Limabohnen (nicht aus der Dose!)
4–6 EL Mandelmus (oder Cashewmus)
4–6 Stiele Pfefferminze
2–4 Knoblauchzehen, geröstet
2–4 EL Olivenöl
Schale und Saft von 1–2 Limetten
Salz und Pfeffer

Bohnen, Mandelmus, Knoblauch, Pfefferminze, Olivenöl und etwas von dem Bohnenkochwasser (oder der Flüssigkeit aus der Dose) pürieren und mit Limettensaft und -schale, Salz und Pfeffer abschmecken. Beim Anrichten kann man etwas gehackte Minze oder Paprikapulver darüber streuen.

Britischer Brunnenkresse-Gurken-Aufstrich

Brunnenkresse ist ein Blattgemüse, kräftig und würzig im Geschmack. Es ist verwandt mit Gemüsesorten wie Rettich oder Radieschen. Brunnenkresse kann frisch als Salat genossen werden und dient als Zutat z. B. für Suppen, Omeletts, Salate, Kräuterbutter sowie als Dekoration auf Aufschnittplatten. Zum High Tea in England (und auch in Kanada in feinen Hotels) gehören winzige Sandwiches mit verschiedenen Füllungen. Kresse mit Frischkäse (Watercress Sandwiches) ist eines der beliebten und klassischen Sandwiches.

Brunnenkresse ist ein gesunder Vitaminlieferant, der besonders wichtig im Winter ist, wenn nur wenig frisches Gemüse regional verfügbar ist.

Brunnenkresse trägt viele Namen in unterschiedlichen Regionen Deutschlands: Bachbitterkraut, Bitterkresse, Braunkärsch (Erfurter Mundart), Bornkersch oder Wassersenf genannt. Sie ist eine Wasserpflanze, die bevorzugt in frischen klaren Bachläufen wächst, am besten wild. Geerntet wird sie von Herbst bis Frühjahr in den Monaten mit „r“ in reiner Handarbeit von querliegenden Holzbohlen aus.

Authentische Brotauswahl ist ein weiches Kästchen-Weißbrot (ähnlich einer Brioche), dünn geschnitten ohne Krustenrand.

250 g Frischkäse
100 g Schmand
100 g Brunnenkresse, geputzt und grob gehackt
50 g Salatgurke, fein gewürfelt
Salz und Pfeffer

Alles gut mischen. Fertig! Dieser Aufstrich sollte am selben Tag verzehrt werden!

Geschichte des Brunnenkresse-Anbaus

Die Brunnenkresse-Anlagen gehören zum wichtigsten Teil des geschichtsträchtigen Erfurter Gartenbaus und sind sogar als Kulturdenkmal in Thüringen eingestuft. In Erfurt begann der Anbau von Brunnenkresse um 1630. Aus der ursprünglichen Sammlung der Brunnenkresse, aus natürlichen Wasserläufen, entwickelte sich über 110 Jahre später, dank Christian Reichart, 1740 ein Anbausystem mit künstlich angelegten Wasserläufen und Dämmen. Damit etablierte Herr Reichart das erste Anbausystem dieser Art in der Welt. Ab 1930 wurden in Erfurt die Dämme durch begehbare Laufstege ersetzt. Bis heute existiert eine Brunnenkresse-Anlage nach diesem System bei Familie Fischer in Erfurt. Die sanierte Anlage ist die letzte ihrer Art. Die historische Klinge und die Brunnenkressen-Ernte sind aber gefährdet, da bislang noch kein Nachfolger bereitsteht und die Wasserqualität durch Einflüsse aus der Umgebung beeinträchtigt wird.

Wasabi „Madelaine“

Madelaine, eine Freundin aus Kanada, ist berühmt eine gute Gastgeberin zu sein. Sie backt fantastischen Kuchen, sie kocht wie eine Göttin, ihre Weihnachtsbaum-Dekoration stellt alles in den Schatten und wird jedes Jahr auf ein neues fantastisches Thema abgestimmt, sie zieht sich zum Feiern immer elegant im Vintage-Stil an und ihre Partys sind legendär. Ein fester Bestandteil vieler ihrer Partys, egal zu welchem Thema oder zu welcher Jahreszeit, sind kleine, niedliche britische Tea-Sandwiches, die eigentlich Wölfe im Schafspelz sind. „Blast your socks off.“ Zwar scharf, aber ihre Wasabi-Sandwiches sind immer der Hit. Wasabi ist eine Art japanischer Meerrettich, das es entweder frisch, als Paste oder als Pulver gibt. Frisches Wasabi ist hierzulande schwer zu finden, der fertigen Paste fehlt es oft an Kraft. Ich empfehle ein gutes Pulver. Hier ist meine Version der Füllung von Madelaines Sandwiches:

Foto s. Seite 24

250 g Frischkäse
50 g Gurke
½–1 TL Wasabipulver (oder mehr nach Lust und Laune!)
1 TL Wasser oder Sake
1 EL Sesamkörner
2 EL Algensalat (Goma Wakame) oder frische Spinatblätter
Salz und Pfeffer

Gurke fein würfeln.
Wasabi mit Wasser oder Sake verrühren. 10 Minuten ziehen lassen. Frischkäse mit Wasabi gut vermengen. 5 Minuten durchziehen lassen und dann probieren. Nicht scharf genug? Geben Sie etwas mehr Wasabipulver dazu. Zu scharf? Nicht zu spät… Geben sie etwas mehr Frischkäse dazu.
Sesamkörner einige Minuten in einer Pfanne ohne Öl rösten. Vorsicht, sie brennen leicht an!
Gurke und Sesam untermengen. Mit Salz und Pfeffer würzen.
Aufstrich auf ihr gewünschtes Brot streichen, mit Sesam und Algensalat oder Spinat dekorieren.

Tanyas Tipp:
Gut dazu sind auch Shrimps oder Räucherlachs!

Russische Rote Beete

„Ich mag eigentlich keine Rote Beete, aber…“ Das höre ich ganz oft auf einem Catering oder bei einem Kochkurs, nachdem dieser Aufstrich gegessen wurde. Viele verbinden die Rote Beete mit dem süßsauren, muffigen Schulkantinen-Salat ihrer Kindheit. Dabei ist Rote Beete ein wunderbares erdiges, super schmeckendes Gemüse. Für uns in nördlichen Klimazonen ist die Beete eine wichtige Vitaminquelle in den Wintermonaten. Viele kennen nur Rote Beete. Alte historische Gemüse-Kataloge der Firma Chrestensen aus Erfurt zeigen eine großartige Vielfalt an Beete-Sorten: geringelt, gelblich, orange, länglich, riesig, klein und rund. Manche von den älteren Sorten sind wieder zu finden, vorwiegend beim Bio-Bauern oder auf dem Wochenmarkt.

Als Aufstrich bringt Rote Beete Farbe in Ihre Brotzeit. Die Rote Beete enthält wichtige B-Vitamine, Vitamin A, eine ordentliche Portion Vitamin C und viele essenzielle Spurenelemente wie Magnesium, Calcium, Selen, Eisen, Jod, Mangan, Natrium, Zink und Kupfer sowie Phosphor. Für diesen Aufstrich lieber frische, feste Rote Beete selbst kochen als die vorgegarte Version benutzten. Die schmeckt leider sehr oft fad.

Dieses Rezept ist von der russischen und nordischen Küche beeinflusst und entstand aus einem Zufall: Ein kleiner Sack Rote Beete, den ich direkt von einem

Bauern für das erste Feld-zum-Tisch-Festival in Ottawa bekommen hatte, musste für eine Unmenge an Besuchern reichen.

400 g Rote Beete
50 g Walnüsse
1 Knoblauchzehe

1 TL Kräutersalz
1 EL Estragon oder Kerbel
1 EL Kapern
100 ml kaltgepresstes Rapsöl
2 TL Meerrettich
Salz und Pfeffer

Rote Beete mit Schale in Salzwasser bei mittlerer bis hoher Hitze kochen. Je nachdem, wie dick die Knollen sind, benötigt das Gemüse zwischen 30 und 60 Minuten. Die Knollen allerdings nicht anschneiden, um zu testen, ob sie gar sind, denn sonst würde der enthaltene rote Saft auslaufen und die Beete unappetitlich rot-braun werden. Meine Mutter hat mir beigebracht: Wenn die Haut sich unter kaltem Wasser leicht entfernen lässt und die Rote Beete leicht aus ihrer Schale glitscht, ist sie fertig gegart.
Alle Zutaten in eine Küchenmaschine geben und gut pürieren.

Tomaten-Wildkräuter

Ich bin diesem Rezept auf meiner Weiterbildung zur Naturpädagogin erstmals begegnet. Damals habe ich das Rezept gelesen, „Vegan-Tomatenbutter", und eigentlich gleich in meinem kulinarischen Kopf abgehakt. Ich bin zwar mit Margarine aufgewachsen, Butter war meiner Mutter schlicht zu teuer, aber seitdem ich in meiner eigenen Küche herrsche, kommt nur gute Butter in meine Gerichte oder aufs Brot. Zu meiner Überraschung schmeckte die vegane Tomatenbutter hervorragend. Seitdem veränderte ich das Grundrezept immer wieder mit saisonalen und Wildkräutern nach Lust und Laune.

Der Aufstrich sollte innerhalb von 5 Tagen aufgebraucht sein, womit ich bisher kein Problem hatte. Ich mache mehrere kleine Gläser und wecke sie ein. Dieser Aufstrich ist nicht nur super auf Brot Ihrer Wahl, sondern auch gut auf Steak, Fisch oder Gemüse.

2 Zwiebeln, mittelgroß
1 Schalotte
400 g Bio-Margarine
400 g Tomatenmark
Kräutersalz, Salz und Pfeffer
4 EL Wildkräuter: Bärlauch, Schafgarbe, Knoblauchrauke

1 TL Oregano oder Majoran
(oder 1 EL Kräuter de Provence oder Kräuter nach Wunsch)
Einige Tropfen Worcestersoße

optional: 1 Knoblauchzehe, fein gehackt, Chili

Zwiebeln und Schalotte fein würfeln und in der Margarine ca. 5 Minuten anbraten.
Kräuter fein hacken.
Tomatenmark und Kräuter zur Margarine-Zwiebel-Mischung dazu geben und 8 Minuten sanft köcheln lassen. Mit Salz und Pfeffer abschmecken. Noch heiß in saubere Glasgefäße abfüllen. Einwecken.

Tanyas Tipp:
Bärlauch, Schafgarbe, Knoblauchrauke frisch von einem naturbelassenen und sauberen Ort im Frühjahr und vor der Blüte pflücken! Nach der Blüte ist die gesamte Kraft der Pflanzen in die Blüte gegangen und der Geschmack lässt nach. Nachdem die Blüte vorbei ist, werden die Blätter auch zunehmend zäh.

Ich denke auch an eine Indianer-Weisheit meiner Heimat Kanada: Sammle nur ⅓ von einer Fläche ein und lasse ⅔ am Standort stehen. Dann können zukünftige Generationen auch die Wildkräuter genießen und es besteht keine Gefahr, dass die Pflanzen ausgerottet werden.

Persische Aubergine mit Walnüssen und Granatäpfeln

Hierfür benötigen Sie Granatapfelmelasse oder Granatapfelsirup, einen dicken süß-sauren Sirup, der im Nahen Osten besonders beliebt ist – und nicht zu verwechseln ist mit dem süßen Granatapfelsirup Grenadine. Eine gute Balsamico-Creme könnte als Ersatz verwendet werden, aber versuchen Sie doch, diese Melasse zu finden. Sie wird zu vielen Gerichten hinzugefügt, um eine Tiefe im Geschmack zu erreichen. Granatapfelmelasse eignet sich hervorragend für Dressings, Marinaden oder als eine kleine Verfeinerung auf dem Grillfleisch.

Dieser Aufstrich eigenet sehr gut auf Mischbrot oder Baguette, frisch oder geröstet.

350–400g Aubergine
1 Knoblauchzehe, feingehackt
Saft und Schalenabrieb einer halben Bio-Zitrone
35 g Walnüsse, gehackt
1 EL Granatapfelmelasse, -sirup oder -konzentrat
1 EL Tahini
6 Minzeblätter
1 TL Salz
½ TL Pfeffer
Für die Dekoration: frische Granatapfelkerne

Ganze Auberginen auf dem Holzkohlegrill auf heißer Glut oder im Backofen sehr weich rösten.
Abkühlen lassen, Stiele abschneiden und Auberginenfleisch mit einem Löffel aus der Haut auslöffeln.
Auberginenfleisch feinhacken oder -stampfen. Mit Granatapfelmelasse, Zitronensaft, Walnüssen und Minze mischen und mit Pürierstab oder Küchenmaschine leicht pürieren. Der Aufstrich sollte noch etwas Textur behalten. Mit Salz und Pfeffer abschmecken.
In eine Schale geben und 2–4 Stunden ruhen lassen.
Mit Granatapfelkernen und ein bisschen Granatapfelmelasse dekorieren.

Tanyas Tipp:
Eilig? Geröstete Aubergine im Glas, „Közlenmiş Patlıcan“, gibt's in vielen Orientläden zu kaufen.

Kanadischer Dip mit Spinat, Cheddar und Bacon

Ein kanadischer Partyklassiker, der meistens als ein Dip in einem ausgehöhlten runden Brotlaib serviert wird. Man tunkt die herausgelösten Brotstücke in den Dip und langsam, Stück für Stück, reißt man den Laib auseinander und isst den übrigen Dip dazu. Es ist kein Teller oder Besteck nötig. In Deutschland, wo man sogar die Schnittchen mit Messer und Gabel isst, scheiterte ein erster Versuch, die kanadische Art dieses

Dips zu servieren, an den deutschen Manieren. Hier ist meine „integrierte" Version, als Aufstrich.

Die kanadische Version benutzt ausschließlich Mayonnaise, aber Frischkäse gibt einen leichten, cremigen Geschmack.

Falls gefrorener Spinat benutzt wird, die Flüssigkeit soweit es geht ausdrücken und klein hacken. Frischen Spinat waschen, kurz kochen, gut abtropfen lassen und ebenfalls klein hacken.

Passt super zu Mischbrot, Körnerbrot, Wurzelbrot oder Kartoffelbrot.

125 ml Mayonnaise
250 g Frischkäse
250 g Cheddarkäse, gerieben
300 g Spinat, fein gehackt
6 Scheiben Bacon, knusprig gebraten und gekrümelt
1 kleine Zwiebel, feingehackt, alternativ 2 Frühlingszwiebeln, feingehackt
ein bisschen Knoblauch, Senf, Thymian
½ TL Worcestersoße
Salz und Pfeffer

Alle Zutaten in einer großen Schüssel gut mischen. Am besten einige Stunden im Kühlschrank abgedeckt durchziehen lassen.

---

v. l n. r.: Dill-Pickle-Dip (S. 38); Schneller heißer Lachs (S. 71); Kanadischer Dip (S. 36); Saure Sahne und Zwiebeln (S.71)

Dill-Pickle-Dip

Dieser Aufstrich erweckt in mir Kindheitserinnerungen an Geburtstagsfeiern und Familienabende vor dem Fernseher. Dill-Pickle-Dip ist ein beliebter fertiger Aufstrich, der zu welligen Chips aus der Tüte gereicht wird. *Hockey Night in Canada* war nie wirklich komplett ohne diese Nascherei. Wie viele Kalorien darin sind, habe ich mich damals nicht gefragt. Hier ist eine leichte, frische Version davon. Passt gut auch zu Kartoffelpuffern oder auf dunklen Pumpernickel, Körnerbrot, Mischbrot, Bagel oder Knäckebrot. Mit etwas geräuchertem Lachs schmeckt dieser Dip auch.

250 g Frischkäse, Rahmstufe
100 g saure Sahne
6 EL Mayonnaise
4 saure Gurken, bevorzugt Knobi-Gurken, ca. 100 g
2 Frühlingszwiebeln
2 EL fein gehackter Dill, ca. 18 g
Salz und Pfeffer

Saure Gurken fein würfeln, Frühlingszwiebeln in feine Ringe schneiden.
Alle Zutaten vermengen. Fertig!

Tanyas Tipp:
Die sauren Gurken in kleinen russischen Läden oder in der russischen Abteilung der Supermärkte sind extra knackig und schmecken fast wie die selbstgemachten sauren Gurken bei meiner Mutter.

Koreanische Möhren

Dieses Rezept lehnt sich an einen sehr typischen koreanischen Salat an, der nicht nur in Korea beliebt ist, sondern auch in Zentralasien, Russland und der südlichen Ukraine. Dieser Aufstrich ist inspiriert von einem Salat, den ich zuerst bei meiner Freundin Elena aus dem Kaukasus entdeckt habe – Sie kann eine einfache Mahlzeit in ein Fest verwandeln, allein mit ihrem Humor und ihren Geschichten. Er passt besonders gut zu einem Körnerbrot.

500 g Karotten, geschält
1 TL Salz
1 EL Zucker
1 EL Rotwein oder Apfelessig
1 Knoblauchzehe, zerstoßen
2 EL kaltgepresstes Rapsöl
2 TL Sesamöl
1 Frühlingszwiebel, fein geschnitten
½ TL Fenchelsamen, geröstet und gemahlen
1 EL Sambal Oelek oder etwas Chili
½ TL Sesamkörner, geröstet
Etwas Chili

1 Karotte in feine Streifen schneiden, ca. 30 g, und beiseitestellen. Die restlichen Karotten grob hacken. Die

Möhren in einen Topf mit dem Salz und etwa 400 ml Wasser geben und die Möhren weich garen. Abgießen, aber Kochwasser aufheben! Die Möhren pürieren, etwas Kochwasser dazu geben, um eine weiche Masse zu bekommen. Falls die Mischung zu flüssig wird, das Püree über schwacher Hitze kochen, bis es wieder etwas dicker wird. Vorsicht! Dabei ständig rühren!
Das Sonnenblumenöl in einer Pfanne erhitzen. Karottenstreifen zugeben und bei schwacher bis mäßiger Hitze etwa 5 Minuten braten, bis sie weich sind. Knoblauch und Fenchel dazu geben und weitere 3 Minuten braten. Vom Herd nehmen, Chili, Zucker, Sesamkörner und Sesamöl dazu geben und abkühlen lassen. Die Mischung unter die Möhren mengen.

Tanyas Tipp:
Sesamöl im Kühlschrank aufbewahren! Sonst wird es schnell ranzig.

Mexikanische Avocado-Limetten-Tomate

Avocado ist eine gute Quelle für ungesättigte Fettsäuren. Darüber hinaus enthält sie eine Vielzahl weiterer Vitalstoffe, wie z. B. Provitamin A, Vitamin C, D, K, E sowie viele B-Vitamine. Hinzu kommen zahlreiche Mineralstoffe und Spurenelemente wie Kalium, Magnesium, Phosphor, Kalzium und Eisen.

Dieser Aufstrich ist nicht zum Aufheben, sondern zum Sofort-Verzehr! Nach ein paar Stunden bekommt er eine schlammige braune Oberfläche. Wer sich das schöne Avocado-Grün etwas verlängern möchte,

mischt sich bitte einige Löffel Frischkäse darunter. Sehr gut als Beilage auf geröstetem Baguette, zum Maisbrot oder Toastecken vom Kastenweißbrot.

2 Avocados, grob gehackt
3 EL Korianderblätter, fein gehackt
1 Tomate, feingehackt
¼ rote Zwiebel, feingehackt
Rinde und Saft von 1–2 Limetten
Salz und Pfeffer
Knoblauch nach Belieben
½ TL Kreuzkümmel
Prise Chili

Avocadofruchtfleisch mit der Gabel grob zerdrücken. Zusammen mit den restlichen Zutaten in einer Schüssel vermengen und abschmecken.

Tanyas Tipp:
Probleme, das Fruchtfleisch von Schale und Kern zu lösen? Ganz einfach: Avocado längs bis zum Kern anschneiden, halbieren. Messerklinge leicht in den Kern schlagen, bis sie festhält, dann Kern herausdrehen. Das Fruchtfleisch in der Schale längs und quer mehrfach einschneiden und dann einfach auslöffeln.

Italienische Artischocken

Dieser Aufstrich ist ein typischer Party-Dip in meiner Heimat Kanada und hat wenig mit echter italienischer Küche zu tun, sondern wird wegen seiner drei

Basiszutaten so genannt: Artischocken, Mozzarella und Parmesankäse. Warm serviert, mit Mais-Chips, Toasts oder Cracker, ist es ein unwiderstehlicher Partysnack. Als Aufstrich bei einem besonderen Brotzeitbuffet, zu Körnerbrot, Pumpernickel oder Mischbrot, passt er gut.

1 Dose Artischockenherzen, eingelegt in Wasser (nicht Öl)
2 Knoblauchzehen, gepresst
70 g Mayonnaise
70 g Schmand oder saure Sahne
25 g geriebener Parmesankäse
70 g geriebener Mozzarella
½ rote Zwiebel, fein gehackt
1 EL Zitronensaft
Salz und Pfeffer
Optional: ½ TL frisch gehacktem Rosmarin oder Thymian
Prise Chili oder Tabascosauce
etwas Worcestersoße

Ofen auf 165 °C Ober- und Unterhitze vorheizen. Artischockenherzen abtropfen lassen und fein hacken. Alle Zutaten vermengen. Aufstrich in einer mit Butter bestrichenen Auflaufform verteilen und glattstreichen. 15 Minuten im Ofen backen und gleich servieren!

Streuobstwiesenapfel-Butter

In meinem erster Kochbuch *Thüringer Tapas* gibt es ein Streuobstwiesen-Sangria-Rezept, das in meiner Gaststätte in Arnstadt sehr beliebt war.

Streuobstwiesen und ihre Produkte sind eine Art Steckenpferd von mir. Streuobstwiesen zählen zu den artenreichsten Biotopen in Mitteleuropa und sind von großer ökologischer Bedeutung. Für etwa 5.000 Tier-, Insekten- und Pflanzenarten stellen sie wichtige Ersatzbiotope und letzte Rückzugsgebiete dar. Sie schützen vor Bodenerosion, bereichern das Landschaftsbild und wirken ausgleichend auf das örtliche Klima. Sie liefern Obst zur Deckung des Eigenbedarfs und bilden mit ihrer hohen Sortenvielfalt ein Genreservoir mit vielseitigen Erbanlagen, die u. a. für künftige Resistenzzüchtungen im Obstbau von Bedeutung sein können. Noch vor gut hundert Jahren gab es in allen Regionen Deutschlands eine schier unerschöpfliche Vielfalt an Obstsorten, die in Geschmack, Aussehen und Verwendung allen Nutzungen und Wünschen gerecht wurde. Allein in Deutschland gibt es noch rund 1.000 verschiedene Apfelsorten, die in keinem Supermarkt zu finden sind. Stattdessen finden sich dort nur noch ca. sechs Monokultur- und Designeräpfel.

Leider sind die Streuobstwiesen in vielen Gegenden in Gefahr – ohne regelmäßige und sachkundige Pflege sterben sie aus. Der Kauf von Streuobstwiesenäpfeln und -saft oder eine Baumpatenschaft über eine alte Sorte ermöglicht den Erhalt dieser wichtigen Kulturpflanzenvielfalt. Deshalb können Sie diesen Aufstrich mit gutem Gewissen genießen!

1 Zwiebel
2 Schalotten
450 g Butter
2 säuerliche Äpfel, z. B. Klarapfel (auch genannt Kornapfel), Ananasrenette, Bäumches Apfel, Bellefleur, Gelber Cox, Orangenrenette, Engelshoffer, Herbstrenette, Grau- oder Lederapfel
je 1 Zweig frischer Rosmarin, Thymian und/oder Majoran
1 TL Meersalz ohne Jod

Butter in eine Pfanne geben und auf hoher Stufe zum Schmelzen bringen. Achtung: Den entstehenden Schaum nicht abnehmen. Hitze reduzieren.
Die Butter bei mittlerer Hitze so lange köcheln, bis der Schaum sich wieder auf dem Boden absetzt, die Butter langsam karamellisiert und eine goldbraune Farbe annimmt. Falls beim Umrühren der Butter kleine braune Punkte aufsteigen, die Hitze reduzieren. Butter durch ein Feinsieb in ein sauberes Gefäß absieben. Kein Feinsieb? Ein normales Küchensieb

mit zwei bis drei Blättern Küchenpapier ausgelegt funktioniert auch gut. Der Schaum und die Partikel bleiben im Sieb hängen.
Butter wieder in einen Topf geben.
Zwiebel und Schalotte fein hacken und in der Butter bei mittlerer Temperatur anrösten.
Die Äpfel fein reiben. Die Kräuter fein hacken. Äpfel und Kräuter zu der Buttermischung geben und 5 Minuten köcheln lassen. Mit Salz und Pfeffer abschmecken.
Beim Abkühlen ab und zu umrühren, damit sich die Äpfel, Zwiebeln und Kräuter nicht absetzen.
Einwecken oder einfrieren. Vor Servieren Aufstrich auf Raumtemperatur bringen.

Ukrainische Buchweizen-Champis mit Radieschen

Pilze sind eine beliebte Zutat in der osteuropäischen Küche, meistens als Beilage oder Hauptgang. Hier ist meine Version als eine Art vegetarischen *Pâté*:

50 g Buchweizen
5 g Steinpilze, getrocknet
200 g Champignons
75 g Zwiebeln
1 Knoblauchzehe
4 EL Butter
1 EL Olivenöl
2 EL Sherry/Cognac
1 EL Sojasoße
Salz und Pfeffer
Prise Cayennepfeffer
½ TL Muskat, frisch gerieben
1 TL Thymian
2 EL Zitronensaft
100 g Sahne
4 EL Walnüsse, fein gehackt

Buchweizen in einer tiefen Pfanne oder im Topf ca. 5 Minuten leicht anrösten, dabei immer wieder umrühren. Buchweizen abkühlen und in einer Küchenmaschine „pulsieren". Hierbei sollte kein Mehl entstehen, sondern ein grober Schrot. Buchweizenschrot zurück in den Topf geben. 500 ml Wasser und Sojasoße dazu geben und den Buchweizen köcheln lassen, bis das Wasser komplett „eingesaugt" ist. Sahne und Sherry/Cognac dazu geben und weitere 5 Minuten kochen lassen.

Steinpilze in 50 ml kaltem Wasser 10 Minuten einweichen. Steinpilze gut ausdrücken und fein hacken. Einweichwasser durch ein feines Sieb gießen, beiseitestellen.

Zwiebeln und Knoblauch sehr fein würfeln. Champignons putzen, in feine Würfel schneiden. Butter und Öl in einer Pfanne erhitzen, Zwiebeln und Knoblauch mit dem Thymian glasig dünsten, herausnehmen und beiseitestellen.

Champignons goldbraun braten. Zwiebelmischung, Walnüsse und Steinpilze zugeben, 1–2 Minuten mitbraten. Mit Pilzwasser und Cognac ablöschen und einkochen, bis die Flüssigkeit fast vollständig verdampft ist. Aus der Pfanne nehmen und lauwarm abkühlen lassen. Pilzmasse etwas pürieren. Champignonmischung zum Buchweizen dazugeben. Mit Salz, Pfeffer, Cayenne, Muskat und Zitronensaft abschmecken. Falls die Masse zu dick ist, etwas Sherry oder Cognac dazu geben. In einer Pâté-Form oder Auflaufform, leicht gefettet, einige Stunden im Kühlschrank kühlen.

Den Buchweizen-Champi-Aufstrich auf ihr gewünschtes Brot streichen. Geröstetes Baguette, Körnerbrot oder ein Mischbrot passen super dazu. Radieschenscheiben darüberlegen.

Französischer Camembert mit Kerbel

Einfach cremig lecker!

1 EL kaltgepresstes Rapsöl
20 g fein gehackte Schalotte
500 g sehr reifer Camembert (alternativ: Brie)
80 g weiche Butter
250 g Frischkäse (Rahmstufe)
Pfeffer, Salz
4 EL frischer Kerbel, fein gehackt
4 EL Cognac oder Pastis (alkoholfrei: Apfelsaft)
Prise Chili

Dekoration: Schnittlauch und Kerbel

Zwiebeln im Rapsöl glasig andünsten. Abkühlen. Den Camembert mit einer Gabel zerdrücken, Butter, Frischkäse und Zwiebel untermengen. Mit Salz, Pfeffer, Kerbel würzen. Cognac oder Pastis nach und nach unterrühren.

Veggie Pâté „Montreal“

Diese Pastete ist inspiriert von meinem Lieblings-Hippie-Café im alten Montreal, Kanada, *Santropol.* Jahrzehnte habe ich versucht ihre herzhafte vegetarischen *Pâtés* nachzuahmen und ich denke, es ist mir endlich gelungen! Servieren Sie diese Pastete in dicken Scheiben auf Misch-, Körner- oder Nussbrot, mit etwas Salat, Tomaten, sauren Gurken und vielleicht auch Avocado und Sprossen, um das bohemische Montreal nach Hause zu holen!

2 mittelgroße Kartoffeln
3 mittelgroße Karotten
1 Zwiebel
1 Stange Staudensellerie
je 1 TL Oregano, Thymian, Rosmarin und Salbei
2 TL kaltgepresstes Rapsöl
40 g Sonnenblumenkerne, roh
1 EL Sojasoße
10 g Steinpilze, gemahlen
2 TL Salz
2 TL Hefeextrakt
8 TL Leinsamen, gemahlen
½ TL geräucherte Paprika
1 TL Knoblauch granuliert

30 g Walnüsse, gehackt
4 Eier
40 g Sesamkörner, gemahlen
etwas Butter

Backofen auf 165 °C erwärmen.
Kartoffeln, Karotten und Zwiebel putzen und grob würfeln. Selleriestange grob würfeln. Gemüse mit Rapsöl und Gewürzen in einer Bratenform vermengen, abdecken und ca. 40–45 Minuten gar backen. Gemüse abkühlen lassen.
Gemüse und alle anderen Zutaten in einer Küchenmaschine pürieren. Das Püree sollte leicht stückig bleiben. Eine Pâté- oder Königskuchenform mit Butter bestreichen. *Pâté* in der Form gleichmäßig verteilen und glattstreichen. *Pâté* bei 165 °C 30 Minuten gedeckt backen, Deckel entfernen und weiter 15–20 Minuten backen. *Pâté* am besten über Nacht abkühlen lassen, bevor man es schneidet. Pâté-Scheiben lassen sich gut einfrieren.

Blue Cheese Dip

Blue Cheese Dip wird in den USA gerne mit Selleriestangen oder Möhrenstreifen zu scharfen *Buffalo Chicken Wings* gereicht. Hier ist eine feste Version, die als Aufstrich dient, mit ein paar typisch nordamerikanischen Zutaten, Sellerie und Pekannüssen, die nicht zu dem ursprünglichen Dip dazu gehören, aber geschmacklich dazu passen. Staudensellerie ist eine sehr typische Salatzutat oder Element eines Rohkosttellers oder Pausensnacks in meiner Heimat. Es gibt einen tollen „crunch"-Effekt in diesem Aufstrich.

Mein Großvater Stromquist war ein großer Blauschimmelkäse-Liebhaber, aber als Kind empfand ich bei dem starken Aroma und dem Geschmack kein Vergnügen. Blue Cheese passt eigentlich sehr gut zu der kargen, sparsamen, gottesfürchtigen und vergnü-

gungsarmen Lebensphilosophie meiner schwedisch-lutheranischen Vorfahren. Er schmeckte mir als Kind nach Bestrafung. Grandpa Stromquist pflegte sogar zu sagen: „Wenn man das im Kühlschrank vergisst, wächst es nach – ohne dass man Geld dafür ausgegeben muss." Später, als Dip zu Bar-Snacks auf dem Uni-Campus, fing ich an, Blue Cheese zu lieben. Vielleicht lag das aber auch an eimerweise „Long Island Iced Tea" und Chicken Wings.
Die Zubereitung des Dips ist super einfach und blitzschnell.

125 g Blauschimmelkäse
200 g Frischkäse
6 TL Mayonnaise
16 Pekannüsse (Hälften)
1 Rippchen Staudensellerie
2 EL Schnittlauchringe
Salz und Pfeffer

Pekannüsse in einer Pfanne ohne Öl leicht anrösten, ständig rühren. Abkühlen lasen und grob hacken. Staudensellerie sehr fein würfeln.
Käse, Frischkäse und Mayonnaise mit einer Gabel zerquetschen und vermengen. Sellerie, Pekannüsse und Schnittlauch unterrühren. Nach Bedarf mit Salz und Pfeffer würzen.

Provenzale Tomaten-Oliven-Tapenade

Ähnliche Aufstriche findet man in Südfrankreich, Nordafrika und Griechenland. Dieser Aufstrich schmeckt mir immer wieder nach Urlaub!
Der Name „Tapenade" stammt eigentlich vom provinzialen Begriff für Kapern: „tapena". Kapern sind ein Bestandteil dieser landestypischen Olivencreme.
Achten Sie auf sehr gute Oliven für den Aufstrich – gefärbte Oliven geben einen chemischen Nachgeschmack. Wie weiß man, ob die Oliven gefärbt sind? Richtige schwarze Oliven sind nicht homogen pechschwarz, sondern haben einen leichten braunen oder lila Schimmer oder sogar ein paar Flecken. Ich finde Oliven mit Stein schmecken besser. Oliven sind nicht schwer zu entsteinen. Die Oliven mit der flachen Seite eines breiten Messers sanft drücken und den Stein entfernen. Auch ein sehr gutes natives Olivenöl ist hier wichtig.
Dieser Aufstrich kann zu einer homogenen Paste zubereitet werden oder leicht stückig sein. Anchovis sind optional, aber authentisch. Sie geben diesem Aufstrich die richtige Tiefe. Auf Salz können Sie verzichten, Anchovis geben ausreichend Salz zum Würzen.

4 EL Pinienkerne
250 g schwarze Oliven
50 g in Öl
eingelegte getrocknete Tomaten
2 EL Kapern
100 ml Olivenöl
Saft und Schalenabrieb von 1 Bio-Zitrone
2 Knoblauchzehen
50 g Anchovis
1 TL Kräuter der Provence
Pfeffer, frisch gemahlen

Oliven entsteinen. Pinienkerne in einer trockenen Pfanne leicht anrösten. Kapern und getrocknete Tomaten abtropfen lassen. Knoblauchzehen schälen und grob schneiden. Oliven, Anchovis, Kapern, Knoblauch, Tomaten, Pinienkerne, Pfeffer und Kräuter de Provence in eine Küchenmaschine geben und zur gewünschten Textur verarbeiten.
Zum Schluss Olivenöl darunter rühren.

Indisches Ei mit Curry

Eiersalat liebe ich heiß und innig: Eiersalat-Sandwiches und gefüllte Eier waren ein fester Bestandteil jedes Kirchenpicknicks, jeder Trauer- oder Dorffeier meiner Kindheit und Jugend. Meine Familie und die Dorf- und Kirchengemeinde haben die Füllung aber sehr klassisch gemacht, mit Mayonnaise, einem Klecks Senf und obendrauf eine Prise Paprika.

Ich koche dieses Rezept seit den 90ern. Die Füllung hat drei kanadischen Premierministern, unzähligen Diplomaten und Freunden als Füllung zu Canapés auf feinen Cocktail Partys, auf High-Tea-Partys oder zum BBQ am Wochenende sehr gut geschmeckt.

10 Bio-Eier
4 EL Mayonnaise
4 EL Joghurt
1 TL Senf
1–2 TL Currypulver
Saft von ½ Limette
1 Frühlingszwiebel, fein gehackt
4 EL Tiefkühlerbsen (nicht aufgetaut)

Optional: Korianderblätter, Schwarze Sesamkörner oder Schwarzkümmelsamen

Die Eier in einem Topf mit gesalzenem Wasser hart kochen. Anschließend im kalten Wasser abschrecken, schälen und in Stücke schneiden.
In einer Schüssel die Mayonnaise, Joghurt mit Limettensaft, Frühlingszwiebeln und Curry gut verrühren. Abschmecken mit Salz und Pfeffer. Die Eier und Tiefkühlerbsen untermengen und für ein paar Stunden im Kühlschrank ziehen lassen. Optional: Aufstrich mit Koriander, Sesam oder Schwarzkümmel dekorieren.

Tanyas Tipp:
Currypulver selbst zu herstellen ist gar nicht so schwer und ist eine sehr sinnlicher Erlebnis. Hinten im Buch gibt es einen Link zu meinem Currygrundrezept.

„Sommerfrische“ Basilikumshrimps

Einige dieser Zutaten werden Sie nicht unbedingt in Ihrem normalen Supermarkt finden, sondern in einem Asia-Markt oder vietnamesischem Obst- und Gemüseladen.

100 g Shrimps
10 g Doppelrahmfrischkäse
50 g Crème fraîche
etwas Salz und Pfeffer
Saft und Schalenabrieb von einer Bio-Limette
50 g Ananas aus der Dose, fein gehackt
10 Blätter rot oder Thaibasilikum
6 Minzblätter
3 Stiele Koriander

Shrimps pochieren und in Eiswasser abschrecken. Shrimps fein hacken. Kräuter fein schnippeln. Alles vermengen und am besten über Nacht ziehen lassen.

Smoky Red Pepper

Holen Sie den Geschmack *Santa Fes* auf Ihren Abendbrottisch!

4 Rote Paprika
2 EL Oliven Öl
4 Tomaten, geschält und gehackt
2 Knoblauchzehen, ungeschält
1 TL Kreuzkümmel, gemahlen
Prise Chili
200 g weicher Schafs- oder Ziegenkäse
1 TL geräucherter Paprika oder gehackte *Chipotle in Adobo-Soße*

Optional: Koriander Blätter, gehackt

Paprika putzen, vierteln und auf einem Backblech mit der Schale nach oben verteilen. Knoblauch mit Schale mit auf das Blech geben. Im vorgeheizten Ofen (Grillfunktion) 15–20 Minuten grillen, bis die Paprika-Haut dunkelschwarz (tatsächlich verbrannt!) ist.
Blech aus dem Backofen nehmen, mit einem Tuch bedecken und ca. 10 Minuten abkühlen lassen. Haut der Paprika abziehen, entsorgen und das Paprikafleisch in Streifen schneiden. Knoblauch schälen und mit dem Messer zu einem Püree zerdrücken.

Paprika, Knoblauch, Gewürze und Käse in einer Schüssel vermengen und mit Salz und Pfeffer würzen. Mit Korianderblättern dekorieren.

Welsh Rarebit – Käse-Bier-Aufstrich

Als Kind habe ich gedacht, dieses Rezept hat mit Kaninchen zu tun (Rabbit). Tatsächlich hieß das Gericht ursprünglich „Welsh" oder „Scotish Rabbit", enthält aber wirklich kein Kaninchenfleisch. *„The Art of Cookery, Made Plain and Easy, Which Far Exceeds Any Thing of the Kind yet published." (Die Kunst des Kochens, vereinfacht und übertrifft alles, was bisher veröffentlicht wurde)* von Hannah Glasse (*London 1747*) erwähnt diesen Aufstrich als nicht nur einfach, sondern auch günstig – ein Gericht perfekt für die Unterschicht Großbritanniens.

Eine plausible Erklärung des ursprünglichen Namens: Viele Hausangestellte der englischen Oberschicht kamen aus Wales, und während die Herrschaften tatsächlich Kaninchen im Speisezimmer aßen, gab es für das Personal nur Käse auf Toastbrot, insofern ein fleischloses „Kaninchen" (aber dieses einfache Brotzeitgericht wird auch *Ploughmans Lunch* genannt). Außerdem: Wenn man „rabbit" in aristokratischem Englisch ausspricht, klingt es ähnlich wie „rarebit". Die armen Angestellten wurden von den Upperclass-Engländern für zu langsam oder zu dumm gehalten, um ein echtes Kaninchen zu fangen. Es kann sein, dass der Name später ein ironischer Selbstbezug auf das eigene Unvermögen war.

In den nachfolgenden Jahrhunderten wurden verschiedene Varianten für dieses Gericht entwickelt. *Rarebit* genießt man heiß auf einer fingerdicken Scheibe geröstetem Graubrot mit Essbesteck, auf knusprigen Crackern als Fingerfood, oder als Fondue mit Brotwürfeln. Hier ist meine Version, inspiriert von einem Familienrezept aus dem Storch Familien-Kochbuch.

300 g Cheddarkäse, gerieben
50 g Mehl
80 g Butter
250 ml starkes Bier, auf Zimmertemperatur
1 TL Senf (scharf!)
Salz und Pfeffer
Einige Tropfen Worcestersoße
Optional: 50 g Porree, fein gewürfelt und/oder 25 g Katenschinken

Die Butter bei schwacher Hitze in einem Topf zerlassen. Das Mehl hinzugeben und alles mit einem Schneebesen verrühren, bis eine glatte Masse entsteht. Bier langsam unter ständigem Rühren dazu geben. Käse und Senf dazugeben und ständig rühren, bis der Käse gut geschmolzen ist. Mit Salz, Pfeffer und Worcestersoße würzen. Optional Porree und Schinken zu der Käsemasse geben.

Das Brot toasten. Brot mit der Käse-Mischung bestreichen und unterm Ofengrill leicht braun überbacken. Super zum Welsh Rarebit: Eingelegtes wie Branston Pickle, Mixed Pickles, Cornichons, Curry-Pickles oder ein Chutney.

Spicy Tuna „Lisboa"

Überall in Portugal bekommt man kleine Leckerlies, sobald man sich an einem Restauranttisch setzt: etwas frisches Brot, marinierte Oliven und etwas Thunfisch oder Sardellen angerichtet, vielleicht etwas Käse oder Wurst dazu. Das sind aber keine kostenlosen Grüße aus der Küche, sondern werden nur bezahlt, wenn man sie isst. Aber man kann ihnen meistens nicht widerstehen. Hier ist ein Aufstrich inspiriert von einer Hochzeitsreise nach Portugal in den 1990ern.
Baguette, Ciabatta, geröstetes Fladenbrot und ähnliche Brote sind authentisch – aber es passt auch super zu Ihrer Lieblingsbrotsorte!

1 Dose Thunfisch im eigenen Saft (185 g)
½ kleine Schalotte, fein gehackt
200 g Doppelrahmfrischkäse
1–2 TL Piri Piri (oder Sambal Oelek)
1 TL Kapern
1 EL glatte Petersilie
6 grüne oder schwarze Oliven

Optional: Kresse zum Dekorieren

Thunfisch gut abtropfen lassen.
Schalotte fein würfeln und mit dem Thunfisch, Piri-

Piri, Kapern und Frischkäse in einer Küchenmaschine pürieren. Mit Salz und Pfeffer würzen (mit Sambal Oelek ist Vorsicht beim Salzen angesagt, da es schon selbst sehr salzig ist.).
Oliven entkernen und grob hacken. Oliven in die Thunfischcreme untermengen. Aufstrich mit glatter Petersilie dekorieren.
Die Creme in eine Schüssel geben. Kresse vom Beet schneiden und die Frischkäsecreme damit garnieren.

SCHNELLER HEISSER LACHS

Lachsaufstrich ist immer ein Hit, nicht nur bei Kanadiern. Auf Brot Ihrer Wahl oder auf getoastetes Baguette gestrichen – aber auch als Füllung für Gurken- oder Zucchini-Tassen. Diese Version wird heiß serviert – schmeckt aber auch kalt gut.

1 Stremellachsfilet
200 g saure Sahne oder Schmand
Salz, Pfeffer
1 TL Ahornsirup
2 Frühlingszwiebeln, fein gehackt

Alles gut vermischen. Im Backofen bei 165 °C 10 Minuten backen. Fertig!

Saure Sahne und Zwiebeln

Aus sehr einfachen Zutaten entsteht dieser köstliche Aufstrich, mit einer süß-sauren Balance. Rote Zwiebeln geben ihm eine dunklere Farbe. Dieser Aufstrich ist etwas flüssiger – für einen cremigeren Aufstrich Frischkäse oder Mascarpone statt saurer Sahne nutzen.

2 EL kaltgepresstes Rapsöl
4 große Zwiebeln
1 EL brauner Zucker
3 EL Sherry Essig oder Rotweinessig
1 EL Rosmarin
Salz und Pfeffer
200 g Saure Sahne
2 EL Schnittlauch

Öl erhitzen, Zwiebeln ca. 7 Minuten bei mittlerer Hitze glasig anbraten. Zucker dazu geben und weitere 15 Minuten anbraten, ab und zu umrühren. Zwiebeln sollten weich und karamellisiert sein.
Essig und Rosmarin dazu geben und kochen bis die Flüssigkeit verdampft ist. Mit Salz und Pfeffer würzen.
Die Zwiebeln abkühlen lassen.
Zwiebeln mit saurer Sahne und Schnittlauch vermischen.

Kürbis-Orangen-Aufstrich

Diesen Aufstrich können Sie gerne herzhaft oder süß machen, er ist (vergleichbar zu anderen Aufstrichen) sehr fettarm. Wer diesen Aufstrich lieber süß mag: etwas Lebkuchengewürz und Honig nach Lust und Laune dazu geben! Welches Brot passt am besten? Das ist Geschmackssache – aber ich mag schon ein körniges Brot und etwas kräftigen Käse dazu.

250 g Butternut- oder Muskat-Kürbisfleisch
1 Stück Ingwer, ca. 2 cm groß
1 mittelgroße Kartoffel, ca. 110 g
250 g Karotten
Schalenabrieb und Saft von 2 Bio-Orangen
1 TL Kurkuma
je 1 TL Zimt, Pfeffer und Ingwer
10 Mandeln oder 2 EL Sonnenblumenkerne
½ frischen Jalapeño, fein gewürfelt oder Prise Chili

Kürbis, Kartoffel und Karotten schälen und grob würfeln. In einem Topf mit ca. 1 Liter Wasser und Kurkuma weich dünsten. Wasser abgießen, aber aufheben. Ingwer fein reiben und mit dem Gemüse mischen. Orangensaft, Gewürze und Jalapeño hinzugeben und grob pürieren. Bei Bedarf etwas Kochwasser dazu geben.

Wer mag, kann Schmand, Butter oder Frischkäse dazu geben, um einen cremigen Aufstrich zu bekommen.

Forellen-Mousse „Manhattan"

Diese Mousse ist etwas aufwändig, aber ein wunderbares Rezept für einen besonderen Anlass. Ich habe es erstmals in einer New Yorker Feinschmeckerzeitschrift kennengelernt, seitdem ist diese Mousse ein fester Bestandteil von Silvesterpartys. Hier ist meine Version mit einheimischen regionalen Forellen. Ursprünglich habe ich diese Mousse zu kleinen runden Pumpernickelscheiben serviert, mittlerweile mag ich diese Mousse auch zu körnigen Broten, Baguettes oder dünnen Scheiben Landbrot. Auch gut ohne Kaviar!

180 geräucherte Forellenfilets
175 ml kalte Schlagsahne, 30 % Fett
2 EL Butter, auf Zimmertemperatur
1 EL Saft und Schalenabrieb eine Bio-Zitrone
6 g Gelatineblätter
2 EL Wasser oder Pernod
100 g Lachs-Kaviar
Dill, grob gehackt
1 TL Meerrettich
Optional: Schwarze Sesamkörner oder Schwarzkümmelsamen
Rapsöl, neutral

Ein Mousse-Förmchen oder einen Soufflé-Behälter mit Öl bestreichen. In einer Küchenmaschine das Forellenfleisch mit ¼ der Schlagsahne, Butter, Zitronensaft, Schalenabrieb und Salz pürieren, bis die Masse homogen und etwas cremig ist. In einem kleinen Topf die Gelatine im kalten Wasser oder Pernod ca. 1 Minute einweichen. Erhitzen (aber nicht zum Kochen bringen!) und auf Zimmertemperatur abkühlen lassen. Sahne steifschlagen. Sie sollte nicht zu fest, aber auch nicht zu weich sein. Forellen-Püree und die Gelatine unterheben. Mit Salz und Pfeffer abschmecken. Etwa die Hälfte der Mousse in das Förmchen geben und glattstreichen. Kaviar gleichmäßig verteilen und mit Dill bestreuen. Den Rest der Mousse darauf geben und glattstreichen. Die Mousse bedeckt im Kühlschrank mindestens 12 Stunden und bis zu 2 Tage setzen lassen. Zum Stürzen: mit einem dünnen Messer den Rand der Mousse ablösen. Danach das Förmchen sehr kurz in heißes Wasser eintunken (ca. 5 Sekunden). Form stürzen und das Mousse in 8–10 Stücke schneiden. Mousse-Stückchen in Sesam oder Schwarzen Kümmelsamen eintunken.

Beurre Composé – Kräuterbutter

Beurre composé ist eine französische Buttermischung, die Kräuter, Salz und andere Zutaten wie Zitronenschale enthält. Es gibt sehr viele Varianten. *Beurre composé* ist als kleines „I-Tüpfelchen“ auf Steak, Fisch oder Gemüse gemeint – aber warum nicht auch als Aufstrich? Sehr wichtig: Die Butter rechtzeitig vorher aus dem Kühlschrank nehmen! Diese Version nutzt auch die Radieschenblätter, die man normalerweise wegwirft, was schade ist. Die Blätter sind essbar und geben dieser Butter eine schöne Würze. Sie schmeckt auf hellem sowie dunklem Brot, mit Räucherfisch oder Roastbeef und einigen Radieschen.

1 Bund frische Kräuter, zum Beispiel Petersilie, Basilikum, Schnittlauch, Kerbel
1 Tasse Radieschengrün
250 g weiche Butter
1 Knoblauchzehe
½–1 TL Meersalz ohne Jod
Pfeffer
Schalenabrieb eine Bio-Zitrone

Radieschengrün in kochendem Wasser kurz blanchieren. Abkühlen und fein hacken.

Kräuter waschen, trocken tupfen und fein hacken. Knoblauch fein hacken.

Butter, Kräuter und Knoblauch in eine Schüssel geben und mit einer Gabel verkneten.

Butter mit Salz und Pfeffer abschmecken. Die Butter kann man in einen kleinen Topf oder Schale abfüllen oder mit Hilfe von Frischhaltefolie in Rollen formen. Bis zum Servieren zugedeckt kaltstellen.

Canadian Cranberry

Cranberrys sind aus der Gattung der Heidelbeeren (Vaccinium) in der Familie der Heidekrautgewächse (Ericaceae). Eigentlich sind *Cranberrys* Moosbeeren. Angeblich leitet sich die englische Bezeichnung *cranberry* aus *crane berries* („Kranichbeeren") ab, da die Staubfäden der Blüten einen Schnabel bilden, der angeblich die ersten europäischen Einwanderer Amerikas an einen Kranichschnabel erinnerte. Moosbeeren wurden aber auf niederdeutsch schon vorher Kraanbeere oder Kranbeere genannt.

Cranberrys werden in meiner Heimat Kanada noch wild gesammelt, aber auch großflächig auf Moorböden angebaut. Ich habe einen Großteil meiner Sommerurlaube als Kind im tiefen Wald und den Hochmooren der Provinz Alberta mit dem Pflücken von Heidelbeeren und Cranberrys verbracht. Eine schöne Erinnerung, trotz der stundenlangen harten Arbeit unter einer immer präsenten Angst vor den Bären.

Cranberrys müssen aber nicht unbedingt mühevoll mit der Hand geerntet werden – kommerzielle Anbauflächen werden durch Fluten des trockenen Moores mit einer Art „Schneebesen"-Maschine geerntet.

In frischer oder getrockneter Form sind die Beeren in der nordamerikanischen und skandinavischen Küche weit verbreitet. Cranberry-Gelee ist ein unverzichtbarer Bestandteil des Erntedankfestes und der Weihnachts-Festmahlzeiten.

Hier sind sie in einem köstlichen Aufstrich untergebracht, über den sich Freunde frischen und leicht säuerlichen Geschmacks freuen werden. Super zum Frühstück, auch gern auf Pancakes. Das Basis-Kompott ohne Frischkäse passt aber auch sehr gut zu Herzhaftem, z. B. Canapés mit Geflügel, Wild oder Kassler oder zu Hackbällchen und Pumpernickel-Spießchen.

Frische Cranberrys sind in Herbst in vielen Supermärkten zu finden; außerhalb der Saison bekomme ich meine Cranberrys unter dem Namen Moosbeeren tiefgekühlt in russischen Läden.

100 g. Cranberrys
50 g Zucker
Schalenabrieb und Saft von 2 Bio-Orangen
ca. 100–150 ml Wasser
Prise Zimt, Piment oder Nelkenpulver
Optional: 4 EL Bourbon/Canadian Crown Royal
2 EL Ahornsirup
250 g Frischkäse
250 g Mascarpone

Cranberrys mit dem Zucker in Wasser verrühren, Orangensaft und Abrieb dazugeben. Bei schwacher bis mittlerer Hitze ca. eine halbe Stunde köcheln lassen, immer wieder mal umrühren. Alles etwas länger einkochen, bis es richtig schön eingedickt ist. Falls nötig, mit Zucker abschmecken. Bourbon oder Crown Royal am Ende zugeben. Cranberry-Kompott abkühlen lassen. Cranberry-Kompott mit Frischkäse und Ahornsirup vermischen und kühl stellen.

Tanyas Tipp:
Cranberrys sind als traditionelles Heilmittel zur Behandlung von Harnwegsinfektionen in meiner Heimat längst bekannt, aber passen Sie auf, Cranberrys helfen nur in Form des puren Cranberry-Muttersafts, was ein sehr herbes und saures „Vergnügen“ ist.

Britischer Lemon Curd

Lemon Curd als Brotaufstrich kennen nur wenige Deutsche. Ich kenne es aus meiner Kindheit, da mein Vater aus England stammte. Er hat sich ab und zu ein Glas *Lemon Curd* bei unseren Einkaufsausflügen in die Großstadt gegönnt. Einfach auf heiß gebutterten Toast. Später, als ich studiert habe, habe ich *Lemon Curd* als Füllung für kleine Tartes, Baiser-Nester, Keks und Torte erlebt. Cremig, süß, aber auch sauer. Ich finde, *Lemon Curd* ist einfach ein Genuss. Mittlerweile gibt es *Lemon Curd* auch in vielen deutschen Supermärkten zu kaufen, aber Selbermachen ist einfach und viel frischer im Geschmack.
Einfach aufs Toastbrot oder Brioche streichen oder Ihren nächsten Kuchen damit erfrischen und verfeinern!

Saft- und Schalenabrieb von 2 Bio-Zitronen,
ca. 160 ml Saft
1.400 g Zucker
3 Bio-Eier
75 g Bio-Butter, auf Zimmertemperatur

Den Saft sowie den Abrieb der Zitronen zusammen mit Zucker und Eiern in einer *Bain-Marie* (warmes Wasserbad) cremig schlagen, ca. 10 Minuten. Immer fleißig umrühren, bis die Masse puddingartig wird.

Lemon Curd vom Herd nehmen. Falls kleine Klümpchen entstanden sind, *Curd* durch ein Sieb pressen. Butter in kleine Stücke schneiden und unter die warme Zitronenmasse rühren.

Der *Lemon Curd* kann in saubere Gläser gefüllt und eingeweckt werden. Geöffnet im Kühlschrank bis zu 7 Tagen haltbar!

Südamerikanischer Schokoladen-Cashew-Chili

Aufs Frühstücksbrötchen oder für den Snack zwischendurch – Nussnugat-Cremes gehören zu den beliebtesten Brotaufstrichen in Deutschland überhaupt. Auch wenn sie lecker schmecken, die fertigen Aufstriche bestehen zu fast 90 Prozent aus Zucker und Fett (meistens nur Palmöl). Meine Version ist zucker- und fettreduziert (im Vergleich) und lehnt sich an Zutaten aus den Küchen der „neuen Welt“ an.

Das Wort Schokolade leitet sich vom Namen des ersten kakaohaltigen Getränkes ab, dem *Xocóatl* oder *Xocólatl* der Azteken. Dabei handelte es sich um eine Mischung aus Wasser, Kakao, Vanille und Cayennepfeffer. Mit Hilfe eines Holzquirls, heute spanisch „Molinillo“ genannt, schlug man die Flüssigkeit schaumig auf. Dieses Getränk war allerdings dem Adel entstammenden erwachsenen Männern vorbehalten. Kakao galt als berauschendes Lebensmittel und war damit – nach Ansicht der Azteken – für Frau und Kind ungeeignet. Als Christoph Kolumbus Amerika entdeckte, bemerkte er die Bedeutung des Kakaobaums nicht, obwohl er mit Kakao in Berührung kam. Erst 1528 wurde der Kakao von den spanischen Eroberern unter Führung von Hernán Cortés nach Europa gebracht.

Um eine richtig gute Konsistenz hinzubekommen, braucht man eine leistungsstarke Küchenmaschine, die die Nüsse zu einer glatten Masse zerkleinern kann. Meine Küchenmaschine hat eher bröselige Ergebnisse erzielt, was ich am Ende aber gar nicht so schlimm fand. Dafür musste ich etwas extra geschmolzenes Kokosfett unterrühren, um eine streichbare Creme zu bekommen.

Für eine schnellere Variante können Sie fertiges ungesüßtes Nussmus verwenden.

350 Gramm Cashews, ungesalzen und roh
150 g Butter/Kokosfett
4 Esslöffel schwach entölter Kakao
50 g Schokolade geschmolzen, leicht abgekühlt
Vanilleschote, ausgekratzt (Schote aufheben!)
½–1 TL Zimt
Prise Chili
100 g brauner Zucker mit 4 EL Milch oder Wasser gemischt
8 EL Zuckerrübensirup, alternativ Reissirup, Apfel- oder Birnendicksaft
Prise Salz

Kokosöl, Schokolade, Salz und Gewürze in einem kleinen Topf zusammenschmelzen. Vorsicht! Nicht kochen! Leicht abkühlen lassen.

Backofen auf 165 °C vorheizen (Ober- und Unterhitze). Die Cashews auf ein Backblech geben und etwa 6 bis 8 Minuten rösten.
Geröstete Nüsse in eine Küchenmaschine geben und ganz fein zu einer Paste vermahlen. Der Prozess dauert 15–20 Minuten. Die Nüsse werden in dieser Zeit erst gehäckselt, dann gemahlen, dann tritt etwas Öl aus, zum Schluss wird die Masse homogener. Ab und zu beim Mahlen eine Pause machen, damit das Gerät nicht überhitzt. Die Masse mit einem Teigschaber auch ab und zu auflockern, damit sich keine Stückchen am Rand oder Boden ansammeln.
Alle weiteren Zutaten zugeben und miteinander pürieren.
Aufstrich im Kühlschrank aufbewahren!

Tanyas Tipp:
Vanille gehört zu den teuersten Gewürzen der Welt. Deshalb eine ausgekratzte Vanilleschote nicht entsorgen – viele wertvolle Aromastoffe stecken noch drin! Die Zubereitung von Vanillezucker ist einfach. Sie brauchen lediglich eine Vanilleschote, ein luftdicht verschließbares Glas, Zucker und Zeit. Den Zucker in das Glas abfüllen. Vanilleschote „einbuddeln" und etwa 30 Tage an einem kühlen und dunklen Ort lagern. Die Vanille gibt nach und nach ihr Aroma an den Zucker ab.

Belgischer Karamell Swirl

Super zu Croissants, Milchbrötchen, auf Toast, Körnerbrot, Kürbiskernbrot oder als Füllung für Crêpes oder auf Pancakes.

100 g Zucker
50 g Butter
½ TL Meersalz ohne Jod
1 TL Vanillezucker
1 EL Rum
180 ml Schlagsahne
100 ml Milch
1 Messerspitze Natron
25 g Zartbitterkuvertüre
25 g schwach entölter Kakao

Zucker in einer Pfanne karamellisieren (hellbraun schmelzen) lassen.
Butter, Vanillezucker, Natron, Milch und Schlagsahne zugeben, salzen und so lange rühren, bis sich Zucker und Butter aufgelöst haben. Alles etwa 30–40 Min. kochen, bis eine sämige Konsistenz entsteht (die letzten 5 Min. unter ständigem Rühren!).
Die Hälfte der warmen Karamellcreme mit 25 g Dunkelschokolade und 25 g schwach entöltem Kakao vermischen, bis die Schokolade sich aufgelöst hat.
Karamell und Schokolade-Karamell-Masse geschichtet in vorbereitete Gläser füllen. Anschließend mit einer Gabel vorsichtig durchheben, um den „Swirl"-Effekt zu erhalten.

Tahin-Pekmez

Tahin-Pekmez ist super einfach und gibt einen süßen Energieschub für das Frühstück. Authentisch würde dazu ein türkischer Sesamkringel, *Simit*

genannt, gereicht. Ein Sesambrötchen, Milchbrötchen oder Knäckebrot passt aber auch dazu.
Genießen Sie diesen Aufstrich in Maßen und nicht in Massen – er ist reichhaltig! Es heißt nicht umsonst: „her sabah yerseniz kışın üşümezsiniz" („Isst man es jeden Morgen, so friert man im Winter nicht.")!
Traubensirup (üzum *pekmezi* auf Türkisch) ist eine Melasse mit dickflüssiger Konsistenz, hergestellt aus Traubenmost. Die Farbe und der Geschmack sind ähnlich wie Zuckerrübensirup. Der Geschmack ist aber fruchtiger, mit einer leichten Säure. Falls Sie üzum *pekmezi* nicht finden können, nutzen Sie einheimischen Zuckerrübensirup mit einen Küsschen Traubengelee und Zitronensaft dazu.

100 g Tahin
100 g Trauben-Melasse *(üzüm pekmezi)*

Alles gut mischen. Fertig!

Tahiti Treat

Ob es diesen Aufstrich auf Tahiti wirklich gibt, bezweifele ich. Aber er erinnert mich an ein Lieblings-Kokos-Topping aus meiner Kindheit. Wir wohnten sehr weit weg von einer Großstadt und ein Urlaub in fernen Ländern kam nie in Frage. Gelegentlich fuhren wir viele Stunden nach Edmonton, um Schulkleidung zu kaufen, für einen Zahnarzttermin oder zum Weihnachtseinkauf. Wenn meine Mutter Glück hatte, bekamen wir einen besonderen Kokossirup von Wollworth's Fine Food Department, was unser samstägliches Pancake-Vergnügen noch vergnüglicher machte. Ich glaube, auf der Dose war ein Strand mit einem Tiki-Getränk, ein Sonnenschirm und ein Hula-Tänzer im Bastrock abge-

bildet. Für mich war deshalb das Frühstück, mitten in der Prärie, eine Reise nach „Tahiti".
Wer es fruchtig mag, 50 g Ananas (Konserve), fein gehackt, dazu geben. Dann schmeckt dieser Aufstrich *„Piña Colad-ig"*.

200 g weiße Schokolade
250 g Butter
250 g gezuckerte Kondensmilch
1 TL Vanillezucker
100 g Kokossirup
100 g Kokosraspeln
100 g Kokosmark
Saft und Schalenabrieb einer Bio-Limette

Optional: 6 Belegkirschen, 50 g Ananas aus der Dose, fein gehackt

Schokolade grob hacken. Butter in einem Topf bei kleiner Hitze zerlassen. Schokolade zufügen und unter ständigem Rühren schmelzen. Herd ausschalten. Kondensmilch und Kokossirup unter Rühren zufügen. Solange rühren, bis eine cremige Konsistenz entsteht. Kokosraspeln, Limettenabrieb und Saft unterrühren.
Optional: Belegkirschen und Ananas unterrühren.
Heiße Creme in saubere Gläser füllen und auskühlen lassen.

Tanyas Brotaufstriche im Web

Noch nicht genug?

Wie Sie selbst **Currypulver** herstellen und das Rezept **Marokkanischer „1001“ Dattel- und Pflaumenaufstrich mit Orange** finden Sie auf unserer Website kostenlos zum Download.

Guten Appetit!

001 Weisheiten von Goethe und Schiller
002 Klassische Küchenkräuter
003 Klassische Heilkräuter
004 Klassische Gewürze
005 Homöopathische Hausapotheke
006 Gesundheit aus der Tasse
007 Das Monats- & Feiertagsbüchlein
008 Großmutters Küchentipps
009 Großmutters Haushaltstipps
010 Klassisches Gemüse und Wildgemüse
011 Klassisches Obst und Wildfrüchte
012 Mit Bauernregeln durch das Jahr
013 Kleines Thüringer Bratwurst-Buch
014 Kleines Thüringer Kloßbuch
015 Kleines Skatbuch
016 Luther – Weisheiten & Lebensstationen
017 Cranach – Die Maler der Reformation
Klosterweisheiten
019 Großmutters Gesundheitstipps
020 Kleines Usedom-A–Z
021 Redewendungen auf der Spur
022 Pearls of Wisdom by Goethe & Schiller
042 Das kleine Waldbeerenbuch
043 Das kleine Hochzeitsbuch
044 T. Müntzer – Stationen seines Lebens und Wirkens
045 Kleine Geschichte der Stadt Erfurt
046 Kleine Geschichte der Stadt Gotha
047 Auf den Spruch geklopft
048 Der Harz von A bis Z
049 Das kleine Strandbuch
050 Ilmenau von A bis Z
051 Futtern wie bei Luthern
052 bauhaus
053 Bibelsprüche
054 Das kleine Buch der Wettiner
055 Die Thüringer Landgrafen
056 Kleine Geschichte Thüringens
057 Der Rasende Roland
058 Kreuz & quer gedacht
059 Thüringer Klöster
060 Wiederentdeckte Kräuter
061 Besondere Kirchen in Thüringen
062 Kleine Geschichte Sachsens
063 Theodor Fontane – landauf, landab

ULF ANNEL
Die deutsche Sprache ist ein
WITZ
RHINOVERLAG

Ulf Annel
CHRISTIAN MORGENSTERN
RHINOVERLAG

Die Rhino-Westentaschen-Bibliothek

023 Thüringer Schlösser
024 Thüringer Burgen
025 J. S. Bach – Stationen seines Lebens und Wirkens
026 Thüringer Kuchen & Plätzchen
027 Kleines Kürbisbuch
028 Buddhistische Weisheiten
029 *Großmutters Gartentipps*
030 Weimar von A bis Z
031 Kleines Berliner Mauerbuch
032 Rügen von A bis Z
033 Das kleine Ostseemöwen-Buch
034 Sojourns and Sayings of Martin Luther
035 iga, egapark, BUGA – Blumenstadt Erfurt
036 **Heil- und Kräuterschnäpse**
037 Kleines Thüringer Bierbuch
038 F. Fröbel – Stationen seines Lebens und Wirkens
039 *Großvaters Handwerkstipps*
040 Weisheiten für den Gartenfreund
041 Kleines Ringelnatz-Buch

064 Das kleine Wismarbuch
065 Der Brocken · Mythos und Wirklichkeit
066 Das kleine Buch der Thüringer Trachten
067 Kleines Tucholskybuch
068 Der Molli
069 Kleine Geschichte Rostocks
070 Beethoven – Persönlichkeit, Schaffen, Mythos
071 Kleine Geschichte der Hanse
072 Kleine Geschichte der Stadt Dresden
073 Die Krämerbrücke
074 Küstenwind küsst Wüstenkind
075 August der Starke
076 Kleines Thüringer Weinbuch
077 **Marzipan & Nougat**
078 ***Kleines Steakbuch***
079 Das kleine Fehmarn-Buch
080 **Kluge Köpfe rollen am schnellsten**
081 Thüringer Tapas
082 Kleine Geschichte der Stadt Leipzig
083 Kleines Thüringer Porzellanbuch